Schriften des Allgemeinen Deutschen Schulvereins
zur Erhaltung des Deutschtums im Auslande.
Hauptvorstand: Berlin W. 62, Landgrafenstraße 7, III.
Heft 5.

Aus der Tätigkeit

des

Allgemeinen Deutschen Schulvereins

zur

Erhaltung des Deutschtums im Auslande

in Brasilien.

Erfolge — Hoffnungen — Wünsche.

Von

Dr. Heinrich Spies.

Berlin.
Druck und Verlag von Georg Reimer.
1902.

Inhaltsverzeichnis.

„Deutsche Sprache, Sitte und Bildung wird auch in Süd-Brasilien sich einbürgern, deutsche Tätigkeit und Ausdauer den Preis erringen und der Welt beweisen, daß sie durch eigene Kraft und Anstrengung, daß sie auch aus sich selbst heraus Nützliches, Gutes und Großes zu schaffen vermag." So schrieb Dr. Blumenau mit weitschauendem Blick, voll stolzen Vertrauens auf die Kraft seines Volkstums wenige Jahre nach Begründung seiner Siedelung in der Provinz Santa Catharina. Schon die im Volksleben geringe Spanne Zeit eines halben Jahrhunderts hat ihm trotz des lange Jahre bestehenden Auswanderungsverbotes nach Brasilien (von der Heydt'sches Reskript) recht gegeben. Wenn irgendwo, so hat sich in Süd-Brasilien der Deutsche als der wahre Kulturträger erwiesen. Nicht als verwegener Abenteurer oder auf schnellen Gelderwerb bedachter Spekulant ist er ins Land gekommen, als seßhafter Bauer hat er durch schwere Arbeit in rastlosem Streben den Urwald auf weite Strecken hin in blühendes Kulturland verwandelt und sich durch seinen Fleiß, oft aus dem Nichts heraus, Besitz oder gar Wohlstand geschaffen, die ihm Zufriedenheit und Selbstbewußtsein gaben. Achtung vor den Gesetzen und treue Erfüllung seiner Pflichten gegen Staat und Gesellschaft, Eigenschaften, die ihm die alte Heimat mit auf den Lebensweg gegeben hatte, machten ihn, gegenüber allen anderen Nationalitäten, zum geschätzten Bürger des brasilianischen Staatswesens. Nur eins gefiel den Brasilianern nicht an dem eingewanderten Bürger deutschen Stammes. Mit außerordentlicher Zähigkeit hielt dieser, von geringen Ausnahmen abgesehen,[1]) an seiner deutschen Eigenart, vor allem an seiner deutschen Sprache fest. „Auf der ganzen Welt gibt es keine von Deutschen begründeten und bewohnten Siedelungen, welche so sehr

---

[1]) Mitt. XVIII 1899 Nov.-Dez. S. 67.

den deutschen Charakter tragen und in denen sich das Deutsche so unverfälscht und rein erhalten hat und auch weiterhin erhalten wird, als das erfreulicherweise in Süd-Brasilien der Fall ist" [1]). Diese gewiß auffällige Tatsache findet ihre Erklärung teils in der allzu großen Verschiedenheit der Rassen, der romanischen (Portugiesen) und der germanischen (Deutschen), teils in der Tatsache, daß sich die Deutschen in geschlossenen deutschen Kolonien, oft weit ab von jedem Verkehr, ansiedelten und mit dem portugiesischen Element nur wenig in Berührung kamen.

War so der deutsche Siedler in den Augen der brasilianischen Regierung zwar ein guter, aber keineswegs vollkommener Staatsbürger, so mußte ihr natürlich daran liegen, ihn durch geeignete Mittel völlig im Portugiesentum aufgehen zu lassen. Da kolonisatorische Mittel, wie die Ansiedlung von Elementen anderer Nationalitäten, besonders Italienern, in bisher rein deutschen Bezirken nichts fruchteten und im Gegenteil die deutschen Bewohner zum Widerstande und zu kraftvoller Betonung ihres Volkstums entflammten, blieb nur eine andere Art des Kampfes übrig. Der Schauplatz, auf dem sich dieser allein abspielen konnte, war natürlich die Schule. Auch der portugiesische Brasilianer hat jetzt — allerdings recht spät — die Bedeutung des oft genannten Satzes „Wer die Schule hat, hat die Zukunft" in seiner ganzen Tragweite erkannt und sucht durch Errichtung zahlreicher brasilianischer Freischulen mit portugiesischer Unterrichtssprache und selbstverständlichem Ausschluß des Deutschen auch als Lehrgegenstand den jungen Nachwuchs der deutschen Bevölkerung seiner Muttersprache zu entfremden. Besonders planmäßig ist man in dieser Beziehung in der südlichsten Provinz Süd-Brasiliens, in Rio Grande do Sul, vorgegangen, wo die Regierung schon im Jahre 1896 nicht weniger als 777 Schulen unterhielt [2]). „Der Deutsche mit seiner großen Anlage, fremde Sprachen zu erlernen, würde auch in Süd-Brasilien unfehlbar die heimische Sprache und mit ihr seine heimische Sitte weit eher aufgegeben haben, wenn ihm in allen Pikaden (Siedelungen) gute brasilianische Schulen zur Verfügung gestanden hätten.

---

[1]) Vgl. Mitt. XIX Juni 1900 S. 45f., Juli-Aug. S. 54—55.

[2]) Gustavo Koenigswald, Rio Grande do Sul. S. Paulo 1898 S. 111.

Die Saumseligkeit der Regierung, der Mangel an guten brasilianischen Lehrern und hauptsächlich an den nötigen Geldmitteln zur Eröffnung von Staatsschulen in allen Pikaden sind daher gute Verbündete für das deutsche Nationalbewußtsein (richtiger wäre wohl „Volksbewußtsein", Anm. des Verf.) gewesen. In Städten, in denen mangels deutscher Schulen und deutschen Umgangs die Jugend auf den Gebrauch der portugiesischen Sprache angewiesen ist, zeigt sich auch bald das Schwinden des deutschen Stammesbewußtseins. So sind Kinder deutscher Eltern, welche sich völlig als Brasilianer fühlen, in solchen Städten keine Seltenheit. Ja, noch schlimmer ist die Tatsache, daß solche brasilianischen Elemente später sehr leicht im politischen Leben geradezu erbitterte Feinde deutschvölkischer Bestrebungen werden und sie mit dem Hasse des Renegaten verfolgen. Auch politische Streber mit deutschen Namen, welche sich bei den allmächtigen Parteichefs als waschechte Brasilianer zeigen möchten, glauben das oft nicht besser tun zu können, als indem sie auf alles Deutsche kräftig schimpfen und bei jeder Gelegenheit einen Hymnus auf die Republica brazileira anstimmen[1]). Gute deutsche Schulen sind daher Vorbedingung für die fernere Erhaltung des Deutschtums unserer Auswanderer in Brasilien."

Was hatte nun das Deutschtum den Romanisierungsbestrebungen der Regierung gegenüber für seine Schulen getan? Bis vor kurzem leider fast gar nichts und bis heute noch sehr wenig. In den Städten natürlich mehr als auf dem Lande. Dort tritt auch das ernstliche Bestreben hervor, Schulen zu gründen, die sich in Methode und Ziel den Schulen im alten Vaterlande annähern; ja man war sogar vielfach nicht mit einer Elementarschule zufrieden, sondern bemühte sich mit vielen Opfern, sie zum vollen Range einer Mittelschule zu erheben. Anders auf dem platten Lande. Zwar läßt sich nicht verkennen, daß auch da fast überall ein großes Bildungsbedürfnis vorhanden war, aber äußere Verhältnisse drängten das Interesse an Schulsachen mit elementarer Gewalt in den Hintergrund. Es waren das weniger politische Ereignisse wie die schnell vorüberbrausenden Revolutionsstürme zu

[1]) Alfred Funke, Deutsche Siedlung über See. Ein Abriß ihrer Geschichte und ihr Gedeihen. Rio Grande do Sul. Halle 1902. S. 70—71.

Ende der 80er Jahre, vielmehr die rein persönlichen Verhältnisse der Kolonisten; mußten sie doch, um vorwärts zu kommen, Schulden abzutragen oder den durch Mißernten verursachten Schaden wieder gut zu machen, alle Kräfte an den Kampf um die äußere Existenz setzen. Wie oft hören wir nicht, daß 3—6jährige Kinder zur Hilfeleistung in Wald und Feld herangezogen werden! Wo bleibt da Zeit und Geld für Schulen übrig? Und selbst wenn das nötigste Geld vorhanden ist, welche unendliche Schwierigkeiten sind dann noch tagtäglich zu überwinden, selbst wenn — in einem Lande ohne Schulzwang — die Anforderungen an die Schüler auf ein Mindestmaß zurückgeführt werden! Die ungeheuren Entfernungen und häufigen Naturereignisse (Gewitter, Überschwemmungen) sind die Ursache vieler, vieler Versäumnisse (bis zu 75% Versäumungstage werden verzeichnet), und an Mitteln, die Kinder in Kost zu geben, fehlt es fast stets. Der Schulbesuch ist also an und für sich ein sehr unregelmäßiger und die Leistungen natürlich dementsprechend. Dazu kommt der Mangel an Lehrmitteln. Die örtlichen Verhältnisse mit ihren großen Entfernungen bedingen das Vorhandensein vieler und kleiner Schulen zu durchschnittlich 10—25 Kindern [1]), und man wird sich ausmalen können, wie dürftig die Ausstattung der einzelnen Schulen selbst in bezug auf das Notwendigste bei den oft ärmlichen Verhältnissen der Kolonisten ist. Da macht dann die Not erfinderisch, und wenn uns einmal berichtet wird, daß ein Lehrer in Ermangelung eines Globus einen Filzhut nahm, wobei die Krempe den Äquator andeutete, so wird ein solcher Fall sicherlich nicht vereinzelt dastehen. Ja selbst den Schülern fehlt es nur zu oft an einheitlichem Lehrmaterial, und es kann doch beim Unterricht nichts herauskommen, wenn der eine eine Bibel, der andre ein Gesangbuch, der dritte wieder ein anderes Buch mitbringt, um lesen zu lernen.

Aber selbst wo die pekuniären Verhältnisse der deutschen Bewohner günstigere sind, steht oft das alte Erbübel des Deutschen, die unselige Uneinigkeit, die in dem stark ausgeprägten Unabhängigkeitssinn der Kolonisten leider weitere Förderung erfahren hat, einer gedeihlichen Entwicklung hindernd im Wege. Wie oft haben nicht kleinliche Kleinigkeiten, meist gesellschaftlicher und per-

[1]) Mitt. I 1891 Okt. S. 5.

sönlicher Art, zur Gründung von Konkurrenzschulen und damit zu einer unnützen Zersplitterung der Kräfte geführt! Viel Unheil hat in dieser Hinsicht der für Brasilien geradezu typische Streit zwischen Schule und Kirche angerichtet; viel Staub wirbelt noch jetzt die Frage, ob konfessionelle oder konfessionslose Schule, auf. Häufig liegt in solchen Fällen das Unrecht wohlauf beiden Seiten. Es läßt sich nicht leugnen, daß manche (meist jungen) evangelischen Pfarrer durch ihren Übereifer viel gefehlt haben. Sie verstanden das in großer Selbständigkeit aufgewachsene Kolonistenelement nicht richtig zu behandeln, glaubten mit ungebildeten Leuten zu tun zu haben und selbstherrlich vorgehen zu können, wodurch dann oft auf Jahre hinaus der Friede in der Schulgemeinde gestört wurde. Indem sie weiter vielfach mit allen Kräften auf eine konfessionelle Schule hinarbeiteten und die konfessionslose Schule zu einer religionslosen stempelten, stießen sie nicht nur Andersgläubige vor den Kopf, sondern forderten auch tolerante Konfessionsgenossen zum Widerspruch heraus. Die Frage, welche Art der Schule zweckmäßig sei, sollte stets von den örtlichen Verhältnissen abhängig gemacht werden. Im übrigen hat nach Berichten, die dem Allgemeinen Deutschen Schulverein zugegangen und in dieser Darstellung verwertet sind, die Erfahrung gelehrt, daß sich auch konfessionslose Schulen unter Leitung von evangelischen Pfarrern zum Segen des Deutschtums entwickelt haben. Ein bischen guter Wille und ein bischen Entgegenkommen auf beiden Seiten könnte oft die Spaltungen überbrücken und zur Stärkung des Deutschtums gegenüber fremden Volkseinflüssen erheblich viel beitragen. Sonst haben gerade die Pfarrer als Lehrer in zahlreichen Fällen den deutschen Schulunterricht ganz bedeutend gehoben. Denn um die Lehrer war und ist es noch jetzt meist recht traurig bestellt.

Bei der durchschnittlichen Kleinheit der Schulen und bei der Ärmlichkeit (oder zuweilen auch Knauserei) der deutschen Siedler, die infolge wirtschaftlicher Schwierigkeiten oft beim besten Willen nicht in der Lage sind, für die Erziehung ihrer Kinder große Opfer zu bringen, ist die Bezahlung der Lehrer eine äußerst jämmerliche, von Pension natürlich keine Rede. Die Folge ist, daß junge Leute irgend welcher Art, die ohne Existenzmittel und ohne Kenntnis der Landessprache, des Portugiesischen, nach Brasilien gekommen sind und nun keine Stellung bekommen können, oder andere Beschäftigungslose zu den niedrigsten Gehältern eine Lehrerstelle annehmen, nur um nicht zu verhungern. Für verbummelte Personen und verunglückte Existenzen ist daher eine Lehrerstelle oft nur noch die einzige Zufluchtsstätte in Brasilien, wodurch die Schule selbst dann natürlich zu einem reinen Geschäft degradiert wird. Kein Wunder, daß sich unter solchen Umständen der Lehrerstand im allgemeinen keiner besonderen Achtung erfreut[1]). Erst neuerdings sind erfreuliche Bestrebungen nach einem Zusammenschluß der besseren Lehrer hervorgetreten, wodurch die unsauberen, zweifelhaften Elemente allmählich aus der Lehrerschaft hinausgedrängt werden sollen und der Lehrerstand selbst eine Hebung und Kräftigung erfahren wird. Wünschenswert wäre es, wenn ihnen dabei an einheimischen Lehrervereinen Helfer erstünden, und wenn ein Reichsgesetz geschaffen würde, das allen deutschen Lehrern — bisher gilt es nur für die preußischen —, die an deutsche Auslandsschulen gingen, später wieder den Eintritt in den deutschen Staatsdienst ohne Schaden ermöglichte. Dadurch würden auch die deutsch-brasilianischen Schulen mit erstklassigem Lehrerpersonal versehen werden und sie könnten — natürlich mit Hilfe der hoffentlich immer reicher fließenden deutschen Reichsunterstützung — zugleich brasilianischen Schulen erfolgreicher die Spitze bieten.

Ohne Geldunterstützung wird es nun einmal nicht abgehen; denn alle Übel, an denen die deutsch-brasilianische Schule krankt, sind im letzten Grunde auf den Mangel an Mitteln zurückzuführen. Mag ja manchmal der begrenzte Ideenkreis den deutschen Siedler zu einer kurzsichtigen Knauserei führen, meistens ist es doch der Kampf um die Existenz, der ihm in Schulsachen äußerste Sparsamkeit aufzwingt und ihn veranlaßt, seine Kinder in die brasilianischen Freischulen zu schicken, wo sie dann schnell ihres Volkstums verlustig gehen. So kommt es denn — und diese Tatsache verdient die höchste Anerkennung —, daß von Pfarrern und Lehrern selbst oft die größten Opfer gebracht werden, nur um die deutsche Schule und damit die deutsche Jugend deutsch zu erhalten. Nun werden ja diejenigen Schulen, die auch portugiesisch lehren, von der brasilianischen Regierung unterstützt, und es kann ja die Mitkenntnis des Portugiesischen für den deutschen Bewohner im

[1]) Mitt. XIX 1900 Mai S. 37.

geschäftlichen wie politischen Leben nur von Vorteil sein, da nur so das deutsche Element seine Rechte im Staate Brasilien energisch zur Geltung bringen kann; aber diese Unterstützungen fließen bei den schwankenden politischen, finanziellen und Beamtenverhältnissen nur sehr unregelmäßig, bezahlt doch die Regierung ihre eigenen Beamten mit echt portugiesischer Unpünktlichkeit[1]), und außerdem bedrohen diese Unterstützungen häufig die Selbständigkeit einer deutschen Schule.

Bei der Bedeutung, die dem Deutschtum und der deutschen Schule in Süd-Brasilien zukommt, hat der Allgemeine Deutsche Schulverein, der ja begreiflicherweise zuerst in Europa näherliegende Aufgaben zu lösen hatte, bald auch den dort bedrohten deutschen Schulen seine Aufmerksamkeit zugewandt und, soweit das in seinen Kräften stand, mit Rat und Tat geholfen. Im folgenden soll nun ein kurzer Überblick über die Beziehungen gegeben werden, die den Allgemeinen Deutschen Schulverein mit den Deutschen und den deutschen Schulen Brasiliens verknüpfen, und des weiteren auf die Aufgaben hingewiesen werden, die seiner dort noch harren. Auf Grund authentischen Aktenmaterials sollen im Zusammenhang damit knappe Hinweise auf die Schulverhältnisse des Landes, insbesondere Ergänzungen zu dem verdienstvollen Buche von J. P. Müller über die deutschen Auslandsschulen gegeben werden.

---

[1]) Man lese nur die traurige Schilderung eines deutsch-brasilianischen Regierungslehrers Mitt. XX 1901 Nov. S. 82.

Provinz Rio Grande do Sul.

Porto Alegre.

Wenn wir den ersten Beziehungen des Allgemeinen Deutschen Schulvereins (gegr. 1881) zu unseren Volksgenossen in Süd-Brasilien nachspüren wollen, müssen wir in seinen Annalen gerade um zwei Jahrzehnte zurückblättern. Es war zunächst kein Hilferuf aus den Urwäldern Süd-Amerikas, der über den Ozean an unser Ohr und Herz drang und die Brücke zu künftiger Liebestätigkeit schlug; die Initiative ging vielmehr vom Allg. Deutschen Schulverein selbst aus, der mit seinen Bestrebungen in dem Lande festen Fuß fassen wollte, wo dem Deutschtum nach der Ansicht maßgebender und mit den Verhältnissen wohlvertrauter Persönlichkeiten seine volkliche Existenz gesichert schien und vielleicht auch bei genügender Energie dermaleinst eine führende Rolle beschieden sein mußte. In der freundlichen Hauptstadt des Staates Rio Grande do Sul, der südlichsten Provinz Brasiliens, in Porto Alegre, wurde die dargebotene Hand mit Freuden ergriffen.

Auf Veranlassung des leider zu früh verstorbenen Karl von Koseritz, Herausgebers von „Koseritz' Deutsche Zeitung" in Porto Alegre, knüpfte Dr. Wilhelm Breitenbach, damals Realschullehrer in Porto Alegre und bekannt als Verfasser zweier lehrreicher Bücher[1]) über die Provinz Rio Grande do Sul, das erste Band volklicher Freundschaft mit der alten Heimat.

In Porto Alegre hatte das Deutschtum kräftige Wurzeln geschlagen, der Großhandel, die großen industriellen Unternehmungen

---

[1]) Die Provinz Rio Grande do Sul, Brasilien und die deutsche Auswanderung dahin. Heidelberg 1885. — Die deutsche Auswanderung und die Frage der deutschen Kolonisation in Süd-Brasilien. Leipzig 1887.

und viele Kleingewerbe lagen schon damals fast ganz in deutschen Händen und nicht weniger als drei deutsche Zeitungen (die schon genannte „Koseritz' Deutsche Zeitung", ferner die „Deutsche Zeitung" und das „Deutsche Volksblatt") waren eifrige Vorkämpfer deutscher Interessen und deutschen Gemeinsinns. Mit dieser Entwicklung hatte das Schulwesen nicht gleichen Schritt gehalten; zwar gab es Schulen genug, leider nur zu viele (Dr. Breitenbach zählte im Korr.-Bl. 1883 Nr. 2 außer den Schulen in Porto Alegre noch 22 im Staate Rio Grande do Sul auf), die sich gegenseitig eine betrübliche Konkurrenz machten und zudem meist geschäftliche Gründungen waren, denen es daher an Einheitlichkeit, an Organisation und an festen Zielen[1]) gebrach. Nur durch einen Schulverein konnte eine Wendung zum besseren herbeigeführt werden. Den eifrigen Bemühungen Dr. Breitenbachs und anderer gelang es nach mancherlei Kämpfen gegen Gleichgiltigkeit und Konkurrenzneid einen solchen am 27. Oktober 1882 zu stande zu bringen. Dieser Schulverein wurde dann im nächsten Jahre, am 20. Mai, mit dem schon 1857 gegründeten, allgemeinere (Wohltätigkeits-) Ziele verfolgenden und über bedeutende Mittel verfügenden „Deutschen Hilfsverein zu Porto Alegre" (Gesamtmitgliederzahl damals 170) unter der Bedingung verschmolzen, daß dieser sich verpflichtete, mit einem Aufwand von 9000 Mark eine deutsche Knabenschule zu errichten und mit jährlich 6000 Mark zu unterstützen[2]). Durch dies höchst bedeutungsvolle Ereignis wurde das Interesse für Schulsachen dort in ganz überraschender Weise angeregt und die Opferfreudigkeit unter der deutschen Bevölkerung wachgerufen[3]). Doch waren erst 1885 alle Vorarbeiten so weit gefördert, daß die Eröffnung der Schule, die einen interkonfessionellen Charakter trägt, erfolgen konnte. Sie hat seitdem trotz mancher schlechten Zeiten einen prächtigen Aufschwung genommen, wie man in dem Buche von Müller[4]) nachlesen kann und der Allgemeine Deutsche Schul-

---

[1]) Vgl. Dr. Breitenbachs Aufsatz im Korr.-Blatt Nov. 1882. Nr. 6. S. 17—21.

[2]) Korr.-Blatt Dez. 1884. Nr. 4. S. 26f.

[3]) Korr.-Blatt Aug. 1883. Nr. 3. S. 41.

[4]) J. P. Müller, Deutsche Schulen und deutscher Unterricht im Auslande, Leipzig 1901. S. 270—274. — Siehe auch Mitt. XIX 1900.

verein darf stolz darauf sein, daß er es gewesen ist, der im letzten Grunde die Anregung zu ihrer Errichtung gegeben hat. Bereitwillige Unterstützungen seitens der dortigen deutschen Bevölkerung und der stetig steigende Besuch der Schule (1898: 130, 1899: 186, 1900: 214) haben weitere Unterstützungen unsererseits entbehrlich gemacht. Weitere sage ich, denn schon vor Gründung der Schule hatte der Allgemeine Deutsche Schulverein dem dortigen Schulverein einen Grundstock für eine Schulbücherei in Gestalt von 117 Bänden übersandt, die mit freudigem Dank aufgenommen und sogleich fleißig benutzt wurden.

Taquary.

Etwa 100 Kilometer von Porto Alegre entfernt nach dem Innern zu und durch Dampfschiffahrt mit diesem verbunden liegt am linken Ufer des gleichnamigen Flusses das schon im 18. Jahrhundert gegründete Handelsstädtchen Taquary, das unter seinen 3000 Einwohnern einen nicht geringen Teil von deutscher Abstammung aufweist. Hier hat im Jahre 1892 christliche Nächstenliebe das evangelische „Asyl Pella für Waisen und Heimatlose“ [1]) erstehen lassen, das unter Leitung seines Gründers, Pfarrer Haetinger und seiner Frau, neuerdings unter Mithilfe seiner drei Töchter und eines Lehrers schnell emporblühte und so reiche Unterstützung bei dem „Asylverein“ (1900: 53 Mitglieder) und sonst fand, daß im Jahre 1900 ein zweites schönes Haus eingeweiht werden konnte, das „Altenheim Bethanien“, wohin nun, wie der Name schon andeutet, das Alter übersiedelte, während die Jugend in Pella verblieb. Hier wurden 1900 in der Schule 50 Kinder, darunter 45 aus der Anstalt, in deutscher Sprache unterrichtet. Die ganze Anstaltsgemeinde zählte Ende 1900 90 Selen. Die Einsendung des Berichts für das Jahr, dem wir diese Angaben mit den besten Wünschen für ferneres Gedeihen der Schule und Anstalt entnehmen, beantwortete der Allgemeine Deutsche Schulverein mit einer wohlverdienten Gabe.

Jan. S. 11, April S. 29. XX, 1901 Nov. S. 86. — Vgl. über Schulen in Rio Grande do Sul auch die von der Allg. Verlags-Agentur, Berlin 1898, herausgegebenen Ratschläge für Auswanderer nach Süd-Brasilien.

[1]) Mitt. XXI, 1902, Jan., S. 4.

Teutonia.

Teutonia ist eine 1860 gegründete, nordwestlich von Taquary belegene Privatkolonie mit überwiegend deutscher Bevölkerung. Hier bestanden im Jahre 1900, teils infolge der weiten Entfernungen, teils wegen kleinlicher Zänkereien, nicht weniger als 20 deutsche Schulen, von denen aber nach uns gemachten Mitteilungen nur etwa vier einer einmaligen Unterstützung an Lehrmitteln benötigten. Ihr Bestand selbst erscheint gesichert, doch könnten natürlich bei Einigkeit unter den dortigen Deutschen viel größere Erfolge erzielt werden.

Mancherlei Versuche des Pfarrers Hasenack, die besseren Elemente unter den Lehrern zu einer ständigen Konferenz und die Familienväter zu einem Schulverein zusammenzuschließen, sind leider bisher noch nicht von vollem Erfolg gekrönt gewesen.

Die von dem genannten Pfarrer 1896 mit großen eigenen Opfern begründete und unterhaltene, von seinem Sohne geleitete kleine Schule (1900: 16 Schüler) wurde 1897 auf Veranlassung der „Evangelischen Gesellschaft für die protestantischen Deutschen in Amerika" vom Allgemeinen Deutschen Schulverein mit einer einmaligen Zuwendung für Lehrmittel bedacht. In der Kolonie Teutonia würde tatkräftige Hilfe vom deutschen Mutterlande sehr bald das Interesse für die Bedeutung eines geordneten und zielbewußten deutschen Schulwesens in alle Kreise dringen lassen und dieses in kurzer Zeit auf eigene Füße stellen.

Arroio Secco.

Arroio Secco bildet eine kleine 1881 begründete Gemeinde im Gebiet der Kolonie Teutonia. Die deutschen Siedler, meistens Westfalen und Hannoveraner, sind direkt von Deutschland herübergekommen, sie haben fast von Anfang an eine Schule unterhalten und trotz vieler trüber Erfahrungen und schlechter Zeiten nicht eher geruht, als bis sie ein schönes massives Schulhaus errichtet hatten, das 1899 mit einer Anfangszahl von 50 Schülern beider Konfessionen in Benutzung genommen werden konnte. Der Unterricht wird vom Pfarrer Gans und seiner Frau erteilt. Als es die Gemeinde aus eigener Kraft soweit gebracht hatte, richtete sie durch Vermittlung des deutschen Generalkonsuls Koser (des jetzigen Leiters der Zentralauskunftsstelle für Auswanderer in Berlin) in Porto Alegre an den Allgemeinen Deutschen Schulverein die Bitte, weiter zu helfen mit Lehrmitteln, die bereitwilligst gewährt wurden.

Da Pfarrer Gans auch in den Kolonien der Umgegend als Seelsorger tätig war, in Corvo, Conventos, Vernelho, Arroio do Meio, erbat er, ermutigt durch unser schnelles und hilfreiches Entgegenkommen, Anfang 1900 weitere Unterstützungen für diese Orte sowie für die als höhere Anstalt geplante deutsche Stadtschule in Lageado. Die drei erstgenannten Orte haben einklassige Schulen (Corvo deren sogar zwei) mit je 30—40 Kindern beider Konfessionen. Die Angehörigen der verschiedenen Religionsgemeinschaften sind hier durchaus auf ein friedliches Zusammengehen angewiesen, sollen überhaupt deutsche Schulen mit Erfolg bestehen.

Lageado

ist ein noch junger, aber in schnellem Aufblühen begriffener und fast rein deutscher Ort, Hauptplatz des gleichnamigen Munizips auf der rechten Seite des schiffbaren Taquary und geht einer bedeutenden Zukunft entgegen. Außer zwei portugiesischen Regierungsschulen besaß Lageado eine von Ordensschwestern geleitete deutsche Elementarschule. Nach Begründung einer evangelischen Pfarrei wollte man mit der Errichtung einer besseren Schule vorgehen. Am 1. Juni 1899 ist zu diesem Zweck ein „Deutsch-brasilianischer Schulverein" und durch ihn bald darauf, schon am 1. Juli desselben Jahres, eine deutsche Schule ins Leben getreten. Die Zahl der Schüler stieg von 20 auf 30 am Ende des Jahres und wuchs im folgenden auf 50 an. An einem weiteren Aufschwung ist nicht zu zweifeln. Es ist große Aussicht vorhanden, in Lageado einen Zentralpunkt für eine größere Gegend zu schaffen und auswärtige Schüler als Pensionäre heranzuziehen. Bei dieser Lage der Dinge konnte der Allgemeine Deutsche Schulverein seine Hilfe nicht versagen. Er bewilligte hier die größte bisher auf einmal für Brasilien verausgabte Summe für Bücher und Lehrmittel. Diese wurden in gerechter und sachkundiger Weise von dem überaus rührigen Pastor Gans an die einzelnen Schulen verteilt. Welche große Freude sie bereiteten, ersieht man aus den zahlreichen, in den herzlichsten Ausdrücken abgefaßten Dankschreiben. In einem von diesen heißt es unter anderem: „Könnten Sie selbst sehen, wie die blondköpfigen und blauäugigen Kinder an den Wandkarten, die ihnen nach und nach vorgeführt werden, ihre Lust sehen und mit Aufmerksamkeit den Erklärungen folgen, wie Lese- und Rechenmaschine mit Eifer benutzt werden, wahrlich! Sie würden schon durch den Anblick reich belohnt."

Bei Gelegenheit des Briefwechsels mit Pastor Gans waren unsererseits auch Versuche gemacht worden, diesen zur Gründung einer Ortsgruppe des Allgemeinen Deutschen Schulvereins zu bewegen. Eine solche Gründung ist zwar noch nicht gelungen, doch ist zunächst wenigstens im September vorigen Jahres ein „Deutsch-evangelischer Lehrerverein[1]) zustande gekommen, der bei seiner Gründung 15 Lehrer, 4 Pfarrer und 2 Schulfreunde zählte, der sich die Förderung der deutschen Schulen und des Lehrerstandes zur Aufgabe gemacht hat und dieses Ziel zu erreichen sucht durch Schaffung einer Bücherei, Erwerbung von Lehrmitteln, Gründung einer Unterstützungskasse für Lehrer, sowie einer Fachzeitung, wofür zunächst zwei angesehene deutsche Zeitungen ihre Spalten geöffnet haben, eine andere eine wöchentliche Beilage zur Verfügung gestellt hat. „In seiner senfkornartigen Entstehung trägt der Verein die Gewähr des Gedeihens in sich." Wenn es gelingen sollte, diese Ziele auch nur annähernd zu erreichen, würde durch dieses Vorbild eine großartige Förderung des gesamten deutschen Schulwesens in Süd-Brasilien zu erwarten sein. Der Allgemeine Deutsche Schulverein wird diesem Verein in Zukunft gern mit Rat und Tat zur Seite stehen.

Neu-Hamburg.

Die Überzeugung von der Notwendigkeit eines Zusammenschlusses der Lehrerschaft in den einzelnen Städten der Staaten und seiner Bedeutung für Erhaltung der deutschen Schule und Sprache scheint erfreulicherweise im Wachsen begriffen zu sein. So ging uns in allerneuester Zeit (Anfang 1902) aus Sapyranza bei Neu-Hamburg, etwa 60 Kilometer nördlich von Porto Alegre gelegen und Endstation der kurzen Eisenbahnstrecke, von einem dortigen Pfarrer (Dietschi) die angenehme Nachricht zu, daß sich da ein Lehrerverein mit ähnlichen Zielen gebildet habe. Weitere

[1]) Mitt. XX, Nov. 1901. S. 81f.

Nachrichten werden erwartet. Der Allgemeine Deutsche Schulverein hatte hier durch Übersendung seiner „Mitteilungen" Beziehungen angeknüpft. Auf dieselbe Weise erhielten wir nähere Berichte über die Verhältnisse in

Rio Pardo.

Rio Pardo (5000 Einwohner), zwischen den Flüssen R. P. und Jacuhi gelegen, ist eine der ersten Städte des Staates Rio Grande do Sul (1751 gegründet) und vermittelte lange Zeit den Handel nach dem Innern. Durch die Entwicklung der Verkehrsverhältnisse hat es als Handelsplatz große Einbuße erlitten. Die Zahl der deutschen Familien ist nicht sehr groß und es gibt daher auch keine deutsche Schule. Die natürliche Folge ist eine betrübend schnelle Brasilianisierung der deutschen Bewohner.

Pelotas.

Die schon oben erwähnte „Evangelische Gesellschaft für die protestantischen Deutschen in Amerika", die bekanntlich von Barmen aus evangelische Seelsorger über den Ozean sendet (nur noch nach Süd-Amerika), erbat im Jahre 1899 unsere Hilfe für die deutsche Schule in Pelotas. In dieser, nächst Porto Alegre größten Stadt (3600 Einwohner) des Staates Rio Grande do Sul und in seinem äußersten Süden belegen, war es nach vielen vergeblichen Versuchen im Jahre 1898 gelungen, eine deutsche Schule zu schaffen, die gleich einen solchen Aufschwung nahm, daß schon im folgenden Jahr die Anstellung eines zweiten Lehrers erforderlich wurde. Dieser konnte anfangs 1900 nach Brasilien hinuntergehen, wohlausgerüstet mit Lehrmitteln, für die der Allgemeine Deutsche Schulverein eine größere Summe gespendet hatte.[1])

Provinz Santa Catharina.

Nördlich an Rio Grande do Sul grenzt die brasilianische Provinz Santa Catharina. Sie ist zwar an Umfang erheblich

[1]) Nähere Angaben über diese Schule finden sich in dem Buche von Müller, S. 253 f.

geringer als diese, kommt ihr aber wegen zahlreicher geschlossener deutscher Siedlungen an Bedeutung für das Deutschtum mindestens gleich. Wenige Jahre später als dort hat der Allgemeine Deutsche Schulverein auch hier dauernd festen Fuß gefaßt und zwar zuerst in

Joinville,

das in den 50er Jahren durch den deutschen „Kolonisationsverein von 1849“ gegründet war und sich sehr rasch zu einem blühenden Gemeinwesen mit stets zunehmender Wohlhabenheit entwickelt hat.

„Das Leben in Joinville läßt sich mit dem Leben in einer norddeutschen Kleinstadt vergleichen. In seinem Äußern erinnert Joinville mehr an eine moderne Villenkolonie, wenn auch nicht gerade allervornehmsten Genres“ [1]). Da sich unter den 3—4000 Einwohnern nur 500 von nicht-deutscher Abkunft befinden, trägt das Städtchen einen ausgesprochen deutschen Charakter, und die für den Deutschen typische, in der alten Heimat übertriebene Vereinsmeierei hat hier, wie wohl überall im Ausland, gute Früchte gezeitigt und zur Erhaltung deutscher Art und Sitte nicht wenig beigetragen.

Die Geschichte der deutschen Schule und des Schulvereins in Joinville beginnt mit dem Jahre 1867, also zu einer Zeit, wo die Kolonisten noch schwer mit der Not des Lebens um das tägliche Brot zu kämpfen hatten. Die Entstehung der Schule selbst ist hier auf religiöse Ursachen zurückzuführen. Um die Kinder der evangelischen Deutschen dem Einfluß der „Öffentlichen gemischten Schule zu Joinville“, an der nach dem Landesgesetz nur römisch-katholische Lehrer angestellt werden durften, zu entziehen, wurde von angesehenen Bürgern ein Aufruf zur Errichtung einer Volksschule ohne Unterschied der Konfession erlassen. Aber bei den nur spärlich fließenden Mitteln der mit irdischen Glücksgütern noch wenig gesegneten deutschen Einwohner konnte die Schule erst 1872 in dem dafür errichteten Gebäude eröffnet werden. Nach mancherlei Wechselfällen, an der die Leiter der Schule nicht immer ganz schuldlos waren, ist endlich seit 1890 ein dauernder Aufschwung

---

[1]) Franz Giesebrecht, Die deutsche Kolonie Hansa in Süd-Brasilien. Berlin 1893.

zu verzeichnen[1]). Schon in der Mitte der 80er Jahre war der Allgemeine Deutsche Schulverein mit der Schule und dem Schulverein zu Joinville, deren Mitglieder, 19 an der Zahl, sich wie die übrigen Deutschen vom Mutterlande ganz verlassen fühlten (man denke an die von der Heydt'sche Verordnung) und ihre Verlassenheit in schmerzlicher Resignation trugen[2]), in Verbindung getreten und hatte die Schule, die damals mit einem leider negativ verlaufenen Versuch der Umwandlung in ein Realgymnasium experimentierte, mit einer stattlichen Bücherspende unterstützt. Kein Wunder, daß hier der Dank nicht nur für die Gabe, sondern auch für die Gesinnung ganz besonders herzlich und freudig zurückklang[3]) und unsere Hand zu weiteren Gaben öffnete.

Außer den deutschen Schulen in der Stadt Joinville bestehen nämlich im Municip Joinville, der ehemaligen deutsch-brasilianischen Kolonie Dona Francisca (etwa 20000 Einwohner, darunter zwei Drittel Deutsche) wegen der weiten Entfernungen eine große Anzahl sogenannter Straßen oder Kolonialschulen (1900: 19), in denen die Unterrichtssprache auch deutsch ist. Von diesen erhielten vier (Serrastraße Kil. 21, Poratystr. und Guigerstr., Südstraße, Serrastr. 5 und 11) im Jahre 1889 eine erhebliche Zuwendung an Büchern, Wandkarten und sonstigen Lehrmitteln. Diese reichen Gaben wurden womöglich noch mehr anerkannt, wie die Dankschreiben zeigen, da sie ausschließlich der viel ärmeren deutschen Landbevölkerung zu gute kamen.

Eine neuerdings (1900) an den Allgemeinen Deutschen Schulverein ergangene Bitte von seiten der unter Leitung des (katholischen) Pfarrers Boegershausen stehenden „Öffentlichen gemischten Staats-Volksschule"[4]) zu Joinville, die in Gefahr war, ihren Charakter als Schule mit deutscher Unterrichtssprache zu verlieren, wurde dem Reich befürwortend überwiesen.

---

[1]) Sehr eingehende Mitteilungen über die Schule bei Müller. S. 290—297.

[2]) Mitt. 1885. Dez. S. 43f.

[3]) Mitt. 1886 Okt. S. 18—20.

[4]) Betreffs Einzelheiten schlage man bei Müller S. 299f. nach.

Sta. Isabella.

Um dieselbe Zeit wie Joinville, 1885, wurde dieser unter Aufsicht des Pfarrers von einem Lehrer geleiteten kleinen Kolonieschule eine Zuwendung in Gestalt von Büchern und anderen Schulmitteln gemacht. In dieser Kolonie sah es, was Schulverhältnisse anlangt, recht traurig aus. Die Armut der Bevölkerung machte selbst ein geringes Schulgeld kaum erschwinglich und man ließ die Kinder daher vielfach ohne jeden Unterricht aufwachsen. Sta. Isabella ist in der Nähe von

Desterro, jetzt Florianopolis

gelegen, wo im Jahre 1888 ein Schulverein eine deutsche Schule ins Leben gerufen hatte, die im Jahre 1900 37 Schüler (19 Knaben und 18 Mädchen) zählte (vgl. Müller S. 287 f.). Hier griff der Allgemeine Deutsche Schulverein sehr bald nach der Gründung der Schule (1889) helfend ein und überwies ihr einen Grundstock an Büchern für eine Schulbücherei.

Hansa.

Auch in der von der „Hanseatischen Kolonisationsgesellschaft" in Hamburg gegründeten Kolonie „Hansa" besteht jetzt eine deutsche Schule, über deren Entstehungsgeschichte dem Allgemeinen Deutschen Schulverein seiner Zeit ein längerer Bericht zugegangen ist, dessen Hauptpunkte in seinen „Mitteilungen" XIX, 1900, Sept.-Okt. S. 62 wiedergegeben wurden. Auch von da ward über Teilnahmlosigkeit vieler deutscher Bewohner und Mangel an Mitteln geklagt.

Blumenau.

Diese Kolonie, die Schöpfung des 1899 zu Braunschweig verstorbenen Dr. Hermann Blumenau[1]), ist wohl die bekannteste aller deutschen Siedlungen in Süd-Brasilien, wurde sie doch im Jahre 1900 wieder weiteren Kreisen ins Gedächtnis zurückgerufen durch die Feier ihres 50jährigen Bestehens und die im Anschluß daran erfolgte Blumenaustiftung für Bildungszwecke in der Kolonie und für Erhaltung des dortigen Deutschtums. Der rastlosen Energie

---

[1]) Mitt. XVIII, 1899 Sept.-Okt., S. 67.

und liebevollen Fürsorge ihres Begründers im Verein mit der Tüchtigkeit und Strebsamkeit der deutschen Kolonisten verdankt die Siedlung einen ungeahnten kommerziellen und industriellen Aufschwung. Trotzdem sich aber unter den 45000 Bewohnern des Municips Blumenau zwei Drittel deutscher Abkunft rühmen konnten, der Stadtplatz Blumenau mit seinen 1200 Einwohnern fast rein deutsch war, wurde das Schulwesen bis zum Ende der 80er Jahre mehr als stiefmütterlich behandelt. Die ersten Beziehungen des Allgemeinen Deutschen Schulvereins zur Kolonie Blumenau reichen bis zum Jahre 1887 zurück, doch läßt die Unvollständigkeit der Akten nicht mit völliger Sicherheit erkennen, ob die beabsichtigte Büchersendung zur Gründung einer Volksbücherei in dem kleinen Kirchplatz Badenfurth, Bezirk Blumenau, wirklich zur Ausführung gekommen ist.

Im Stadtplatz Blumenau hatte sich nach vielen verunglückten Anläufen im Jahre 1888 eine Schulgemeinde gebildet, die sich von Anfang an der regen materiellen und geistigen Förderung Dr. Blumenaus zu erfreuen hatte und am 1. Mai 1889 die „Neue deutsche Schule" ins Leben rufen konnte. Dr. Blumenau hatte keine Schwierigkeit, auch den Allgemeinen Deutschen Schulverein für die junge Gründung zu interessieren, die seit 1890 unter der Oberaufsicht von Pastor Faulhaber, allerdings nicht ohne vorübergehenden schweren Stürmen ausgesetzt zu sein, einen glänzenden Entwicklungsgang genommen hat und seit 1898 auch eine große Unterstützung vom Reich erhält. Anfangs 1897 wandte ihr auch der Allgemeine Deutsche Schulverein eine namhafte Büchersendung zu, eine Liebesgabe, die zu einem dauernden, für uns außerordentlich wertvollen und anregenden Briefwechsel mit Pastor Faulhaber geführt hat.

Wie an anderen Orten, wurde auch hier vom Allgemeinen Deutschen Schulverein die Anregung gegeben, es möchten sich die deutschen Schulen Brasiliens oder wenigstens zunächst die der Provinz zu einem größeren Verbande zusammenschließen. Nach vielen vergeblichen und wenig ermutigenden Versuchen tat sich endlich anfangs 1900 eine Anzahl von Lehrern der Kolonie zu einem Lehrer- und Schulverein zusammen, der es sich zum Ziel setzte, das Schulwesen in Blumenau nach Kräften zu fördern durch Hebung des Lehrerstandes, regelmäßige Zusammenkünfte mit Vorträgen und

Gründung einer Bücherei mit vorwiegend pädagogischen Werken. Dieser Verein vollzog noch im Jahre 1900, wo er 33 Mitglieder zählte, auf Betreiben Pastor Faulhabers[1]) seinen Anschluß an den Allgemeinen Deutschen Schulverein und wird seitdem als Ortsgruppe Blumenau geführt. Es ist dringend zu hoffen und wünschen, daß die Erwartungen, die sich an diese junge Vereinigung knüpfen, in Erfüllung gehen mögen. Nach Berichten aus allerneuester Zeit entwickelt sich der Verein in der erfreulichsten Weise, obwohl er mit unendlichen Schwierigkeiten zu kämpfen hat. Durch unsere Vermittlung flossen die Bücherspenden von den verschiedensten Seiten so reichlich, insbesondere von Darmstadt aus, daß die Volksbücherei im Oktober 1901 mit rund 2000 Bänden der Benutzung übergeben werden konnte. Neuerlichen Bitten Pastor Faulhabers nachgebend, gewährte der Allgemeine Deutsche Schulverein noch ganz kürzlich einen größeren Betrag für Unterrichtsmittel.[2])

Timbo.

Dies ist eine Pfarrgemeinde nicht weit westlich von Blumenau, an deren Spitze auch ein Mitglied des Allgemeinen Deutschen Schulvereins, Pfarrer Haegeholz, steht. Der im Namen einiger der zahlreichen, aber nicht großen deutschen Schulen des Bezirkes im Jahre 1899 an uns gerichteten Bitte um Gewährung von Kartenmaterial wurde gern entsprochen, es wurden der Schule zu Timbo außerdem noch die zuvor für eine andere deutsche Schule in Rio Adda (Kolonie Blumenau) bewilligten, aber wegen Fortzugs des Lehrers nicht an ihren Bestimmungsort gelangten geographischen Hilfsmittel überwiesen.

Palhoça.

Dieser Ort, ein wichtiger Knotenpunkt zwischen den inneren deutschen Kolonien und der Insel und Hauptstadt Santa Catharina ist bekanntlich durch den sogenannten Fall Roth zu einer traurigen Berühmtheit für das Deutschtum Brasiliens gelangt. In dem Mitführen einer deutschen Fahne bei Gelegenheit eines Ausflugs seiner

[1]) Über die deutschen Schulen in der Provinz St. Catharina s. Pastor Faulhabers eigenen Bericht in dem schon mehrfach genannten Buch von Müller, S. 281—287, sowie Mitt. XXI, 1902, Juni, S. 105f.

[2]) Mitt. XXI, 1902, Juli, S. 120.

Schule wurde eine Herausforderung der Brasilianer erblickt und der Lehrer Roth am folgenden Tage hinterrücks überfallen und grausam zugerichtet. Die Mörder wurden unbegreiflicherweise „wegen mangelnder Beweise“ freigesprochen [1]), doch erwirkte die deutsche Gesandtschaft in höchst anerkennenswerter Weise eine Geldentschädigung für den überfallenen Lehrer. Da Roth an der Schule des 1897 gegründeten „Deutschen Schulvereins“ Unterricht erteilte, war das ein schwerer Schlag für das junge Vereinswesen, der — glücklicherweise nur vorübergehend — zu Stillstand und deprimierender Mutlosigkeit führte. Wie so oft, zwang hier das Unglück das deutsche Element mit eherner Hand zur Einigkeit und zu tatkräftigem Handeln. Mit Aufbietung aller nur eben verfügbaren Mittel und mit Hilfe zahlreicher namhafter Zuwendungen von den verschiedensten Seiten gelang dem dortigen Schulverein, der 56 Familienväter mit etwa 60 schulpflichtigen Kindern zählte, der Ankauf eines Platzes und der Bau einer Schule; natürlich trug auch der Allgemeine Deutsche Schulverein als Antwort auf den „Fall Roth“ sein Scherflein zu dem Bau bei. Die rührige, auf die Erhaltung des Deutschtums gerichtete Tätigkeit der dortigen Schulgemeinde wurde auch vom Reich anerkannt, das der Schule seit 1898 eine steigende Summe zuwendet. Weitere Unterstützungen wären gerade hier sehr nötig, um nicht durch eine Erhöhung des Schulgeldes die Gefahr einer Verminderung der Schülerzahl heraufzubeschwören. Der Verlust an Schülern für die Schule wäre gleichbedeutend mit einem Verlust für das Deutschtum, da diese Kinder dann in die brasilianischen Freischulen geschickt und bei der dort herrschenden portugiesischen Unterrichtssprache ihre deutsche Muttersprache bald verlieren würden.

São Bento.

Nördlich von Blumenau und 86 Kilometer westlich von Joinville liegt im Bezirk gleichen Namens die 1873 gegründete, etwa 11000 Einwohner zählende Ackerbaustadt São Bento. Die große Fruchtbarkeit des hoch gelegenen Landes mit seinem fast europäischen Klima läßt den strebsamen Kolonisten sehr bald zu einer sorgenlosen Existenz, in absehbarer Zeit sogar zu behaglichem Wohlstand

---

[1]) Mitt. XVII 1898, Mai-Juni, S. 6.

gelangen. In der Schulgeschichte der Provinz Santa Catharina bildet São Bento allerdings kein so erfreuliches Blatt, nicht etwa wie an anderen Orten Brasiliens wegen mangelnden Interesses an Schulangelegenheiten, vielmehr wegen eines unerquicklichen Streites zwischen Kirche und Schule.

Unsere Beziehungen zu São Bento beginnen zur Zeit der Gründung der dortigen 700 Seelen umfassenden Schul- und Kirchengemeinde (1887); vorher hatte keine nennenswerte Schule bestanden. Zu dem vornehmlich für die Schule bestimmten massiven Gebäude steuerte auch der Allgemeine Deutsche Schulverein bei und ließ der jungen Schule, die mit 25—28 Schülern anfing und bald auf 80 stieg, im folgenden Jahr (1888) eine weitere Zuwendung in Form einer Bücherspende von seiner 1887 errichteten Bücherversandstelle in Leipzig zukommen. 1898 und 1899 bekam die Schule auch eine Reichsunterstützung, und auf dringende Bitten abermals eine Zuwendung vom Allgemeinen Deutschen Schulverein. Mittlerweile hatte nämlich die Revolution von 1893 die Auflösung des Schulvereins und Übernahme aller Lasten auf die Schultern des Pfarrers Quast zur Folge gehabt. 1895 war dann ein leidiger Streit in der Gemeinde ausgebrochen, der zu einer Spaltung führte, die natürlich eine erhebliche Verminderung der Schülerzahl der Gemeindeschule und demzufolge einen Einnahmeausfall nach sich zog. Die ausgetretenen Gemeindemitglieder gründeten, augenscheinlich mit großer Opferwilligkeit, eine neue konfessionslose Schule, die am 1. Oktober 1898 mit einer Schülerzahl von 18 Kindern eröffnet wurde, die nach 2 Jahren auf 44 stieg. Der Friede unter den deutschen Bewohnern scheint leider auf längere Zeit hinaus gestört. Bei den sich völlig widersprechenden Berichten aus São Bento ist es für den Allgemeinen Deutschen Schulverein sehr schwierig, ja fast unmöglich, sich durch den Widerstreit der Parteien hindurchzufinden und zu einer objektiven Würdigung der Sachlage zu kommen. Es wird nichts anderes übrig bleiben, als die weitere Entwicklung der Dinge abzuwarten.

Bráço do Norte.

Durch die bekanntlich im Jahre 1900 vom Allgemeinen Deutschen Schulverein veranstaltete Umfrage an den deutschen Schulen des Auslandes haben wir auch nähere Nachrichten über die deutsch-evangelische Schule Braço do Nortes, eines Städtchens im Süden der Provinz Santa Catharina, erhalten, die vom Pfarrer Hub. Ohters geleitet wird. Da die brasilianische Regierung der Schule eine jährliche Unterstützung zukommen läßt, sollte die Unterrichtssprache nach Landesgesetz eigentlich portugiesisch sein; es wird aber doch deutsch unterrichtet. Seit 1900 hilft auch das Reich der Schule mit jährlich 1000 Mark.

Provinz Paraná.

Wenden wir uns nun der im Norden von St. Catharina grenzenden, etwa doppelt so großen Provinz Paraná zu.

Rio Negro,

eine Stadt weit im Innern des Landes, ist es, die als erste die Aufmerksamkeit des Allgemeinen Deutschen Schulvereins auf sich lenkt. Die ersten Ansiedler, die sich hier in den 20er Jahren des 19. Jahrhunderts niederließen und aus der Nähe von Trier stammten, haben sich um ihr Volkstum leider so gut wie garnicht gekümmert, sodaß der junge Nachwuchs in Sitte und Sprache vollständig brasilianisch geworden ist. Nicht anders ging es mit dem jungen Zuzug, der sich bei Begründung der 150 Kilometer südlich gelegenen Kolonie Dona Francisca (Blumenau) Anfang der 50er Jahre in Rio Negro niederließ. Erst vom Ende der 70er Jahre ab siedelten sich nach und nach eine Reihe rein deutscher Familien an, die (15 an Zahl) im Jahre 1883 trotz der kümmerlichen Verhältnisse, in denen sie lebten, eine Schule mit anfänglich 19 Kindern einrichteten, in der es begreiflicherweise am Notwendigsten fehlte[1]). Durch Vermittlung der Weseler Zeitung, deren Schriftleiter private Beziehungen zu Rio Negro unterhielt, wurde die kleine konfessionslose Schule vom Allgemeinen Deutschen Schulverein mit Schulbüchern versorgt. Im Jahre 1888 löste sich der alte Verein auf und ein neuer trat an seine Stelle, der einen eigenen Schulbau aufführen ließ, wozu auch der Allgemeine Deutsche Schulverein beisteuerte. Bald darauf ging auch eine Sendung von Lehrmitteln ab, die zu weiterem mutigen Vorwärtsschreiten anspornen sollte. Leider spalteten aber auch hier innere

---

[1]) Vgl. auch Korr.-Bl. Nr. 2.

Zwistigkeiten die Deutschen in zwei feindliche Lager, von denen durch einen (man kann sagen: glücklichen) Zufall jedes an unserer Spende teilnahm, indem die einen das Geld, die anderen die Lehrmittel erhielten. Wesentlich erfreulicher liegen dagegen die Verhältnisse in

Curityba,

der etwa in der Mitte der Provinz Paraná und 100 Kilometer von dem Hafenort Paranaguá landeinwärts gelegenen Hauptstadt der Provinz mit vorwiegend portugiesischer Bevölkerung, die natürlich auf das Volkstum der deutschen Minderheit keinen günstigen Einfluß ausüben konnte. Immerhin wurde so viel erzielt, daß die Kenntnis und der Gebrauch der deutschen Sprache nicht verloren ging[1]). In Curityba gab es in den 80er Jahren außer der 1885 gegründeten, von 3 Lehrern geleiteten und 1887: 98, 1898: 110 Schüler zählenden deutschen Privatschule eine konfessionslose Gemeindeschule, deren sich der dortige Schulverein tatkräftig annahm, indem er es durchsetzte, daß mit einem Aufwand großer Mittel (etwa 30000 Mark) ein prächtiges Schulhaus mit sechs Klassen aufgeführt wurde, wo im Jahre 1893 sechs Lehrer 370 Kinder unterrichteten. Der Allgemeine Deutsche Schulverein bewilligte einen großen Posten Lehrmittel, vermittelte weitere vorteilhafte Käufe auf Kosten der Schule und bemühte sich mehrfach zu Gunsten der Schule zwecks Erlangung von geeigneten Lehrkräften. Da der Schule, deren Schülerzahl im Jahre 1898 auf 400 angewachsen war, inzwischen die brasilianische Staatsunterstützung entzogen war, wurde ihr auf erneute dringliche Bitten eine nicht unerhebliche Summe für Unterrichtsmaterial übermittelt. Mit der weiteren Hilfe einer deutschen Reichsunterstützung hat sich die Schule seither in sicheren Bahnen bewegt und befriedigend entwickelt.

Mehrfache schon 1895 begonnene Versuche zur Begründung einer Ortsgruppe des Allgemeinen Deutschen Schulvereins haben leider bis jetzt noch zu keinem Ergebnis geführt.

Cupim (offiziell Santo Antonio de Imbitura genannt).

Ende 1894 vereinigten sich 35 deutsche Familienväter, zumeist Deutsch-Russen aus dem Wolgagebiet, die seit 1885 aus Santa

---

[1]) Mitt. 1889, Nr. 1, S. 32—34.

Catharina oder anderen Kolonien Paranás in diese vorher kaum dem Namen nach bekannte Niederlassung zugewandert waren, zu einem deutsch-evangelischen Gemeinwesen. Sie konnten, da ihre Zahl bald auf 50 stieg, schon Anfang 1895 eine Schule eröffnen, die sich einer stetig steigenden Schülerzahl (1895: 20, 1896: 60) zu erfreuen hatte. Als ein gutes Zeichen für die Schule mag betrachtet werden, daß sogar Kinder von solchen Eltern in diese Schule geschickt wurden, die auch für die staatlichen Volksschulen Abgaben zu entrichten hatten. Ein genauer Bericht über die Erfolge, Ziele und Bedürfnisse dieser Schule, die trotz der Leitung durch den evangelischen Pfarrer einen konfessionslosen Charakter trägt, bewog im Jahre 1896 den Allgemeinen Deutschen Schulverein, dem an ihn ergangenen Bittgesuch Gehör zu schenken und der Schule eine reichhaltige Lehrmittel- und bald darauf eine Büchersendung[1]) zukommen zu lassen. Die Schule hat sich, wie aus neuerlichen Berichten hervorgeht, ohne Störungen langsam weiter entwickelt.

Ponta Grossa.

Aus diesem nordwestlich von Curityba gelegenen Orte war schon 1894 einmal von einer kleinen 24 Schüler zählenden Privatschule die Bitte um Unterstützung an uns gelangt.

Im Jahre 1900 wurde sodann von einem in Ponta Grossa gegründeten Schulverein eine Schule mit 44 Kindern eröffnet, die von zwei Lehrern in zwei getrennten Klassen unterrichtet wurden. Als von da die Bitte um Schulmaterial jeglicher Art und um Bücher zur Gründung einer Jugendbücherei eintraf, entsprach der Allgemeine Deutsche Schulverein diesem Gesuche und machte der Schule eine umfangreiche und reichhaltige Sendung an Lehrmitteln und Büchern zum Geschenk.

Lapa.

Mit der deutschen Schule in dem kleinen Orte Lapa ist der Allg. Deutsche Schulverein durch die bekanntlich im Jahre 1900 veranstaltete Umfrage in Beziehung getreten. Die Schülerzahl

---

[1]) Mitt. XV, 1896, Sept.-Okt., S. 2.

betrug von 1895 an 20, 19, 17, 30, 32, 29 Kinder. Die Schule bekommt einen Reichszuschuß und erhielt auch eine einmalige Unterstützung vom Kolonialverein. Im Jahre 1900 wurde den Kindern vom Allgemeinen Deutschen Schulverein eine Weihnachtsfreude in Gestalt von Schreibutensilien mancherlei Art gemacht.

União da Victoria.

União da Victoria ist ein ganz stattlicher Ort von rund 8000 Einwohnern. Trotzdem die deutsche Kolonie nur 30 Familien zählt, die zudem meist in ärmlichen Verhältnissen leben, besteht doch ein Schulverein mit 20 Mitgliedern, der im Jahre 1898 eine Schule mit 25 Kindern eröffnete. Natürlich fehlte es fast an allem und so wandte sich denn der dortige Schulverein anfangs 1900 an uns mit einer genauen Darlegung der kommunalen und Schulverhältnisse und knüpfte daran die Bitte um Unterstützung, die der Allgemeine Deutsche Schulverein ohne weiteres in der Form von Lehrmitteln gewährte.

Papagaios-Novos.

Papagaios-Novos ist im Jahre 1878 als Kolonie von Deutsch-Russen (ursprünglichen Sachsen und Württembergern) angelegt worden, die ihr Deutschtum gut bewahrten. In der Kolonie waren 1900 25 deutsche Familien vorhanden, zu denen noch ebensoviele in der Umgegend kamen. Diese unterhielten, trotzdem sie infolge zahlreicher Mißernten noch in den dürftigsten Verhältnissen lebten, von Anfang ihrer Übersiedlung an einen Lehrer. An dessen Stelle ist seit 1898 der Pfarrer getreten, der durchschnittlich 30 Kinder unterrichtet, und nur mit vieler Mühe und unter manchen Entbehrungen mit seinem Gehalt auskommen kann. Die Schule hat bereits eine einmalige Reichsunterstützung erhalten. Hoffentlich wird es den Bemühungen des Allgemeinen Deutschen Schulvereins gelingen, der unbemittelten, aber treu an ihrer deutschen Muttersprache hängenden Schulgemeinde weitere Beihilfen aus den dem Auswärtigen Amte zur Verfügung stehenden Mitteln zu verschaffen.

Provinz São Paulo.

Aus dieser nördlichsten Provinz des südlichen Brasiliens sind mit uns schon in den 80er Jahren die ersten Beziehungen angeknüpft worden und zwar zuerst in der Hauptstadt selbst, in

São Paulo.

Die Stadt zählte damals unter ihren 60000 Einwohnern nur eine verhältnismäßig kleine Zahl deutscher Bewohner (etwa 1200), besaß aber schon seit 1878 eine 1884 von dem Verein „Deutsche Schule" übernommene Schule, in der nach dem Lehrplan deutscher Mittelschulen etwa 150 Kinder beiderlei Geschlechts in 6 Klassen von 4 Lehrern unterrichtet wurden[1]).

Wie fast überall in Brasilien, lag auch hier eine große Schwierigkeit in der Beschaffung von geeignetem Lehrerpersonal; so fehlte es dieser Schule im Jahre 1888 an einem Direktor. Man wandte sich daher an den Allgemeinen Deutschen Schulverein, der sich in dieser Angelegenheit mehrfach bemühte, ein Zeichen dafür, daß die von uns neuerdings geschaffene Auskunftsstelle zur Vermittlung von Lehrern für deutsche Schulen des Auslandes einem dringenden Bedürfnis entsprang. Finanziell war der Bestand der Schule gesichert, sodaß sie darin unserer Beihilfe nicht bedurfte.

Außer dieser Schule bestehen in São Paulo[2]) noch eine Privatmädchenschule mit einer Klasse und seit 1896 auch eine evangelische Privatschule, deren Lehrplan im wesentlichen der einer erweiterten deutschen Volksschule entspricht. Die Zahl der Kinder betrug im Jahre 1900: 163 (105 Knaben und 58 Mädchen).

Castro.

Als ein erfreulicher Lichtblick im deutschen Schulwesen Süd-Brasiliens darf auch die Schule des seit Anfang der 90er Jahre in Castro, einem Städtchen von etwa 7000 Einwohnern, bestehenden Vereins „Deutsche Einigkeit" bezeichnet werden. Dieser Verein, der außer Schulzwecke zu verfolgen auch die Errichtung

[1]) Ausführliche Mitteilungen bei Müller S. 278—280.

[2]) Mitt. XII, Jan. 1893, S. 5.

[3]) Mitt. XVII, 1895, Okt., S. 1.

einer deutschen Volksbibliothek anstrebt, ist seit 1897 als Ortsgruppe Castro[1]) treues Mitglied des Allgemeinen Deutschen Schulvereins (Mitgliederzahl 1897: 30, 1898: 40, 1900: 24). Nach Überwindung vieler Schwierigkeiten konnte der Verein „Deutsche Einigkeit" endlich am 1. Januar 1897 unter großen Opfern seine (konfessionslose) Schule eröffnen[2]). Die Schülerzahl betrug durchschnittlich 35—40 Kinder verschiedener Nationalitäten im Alter von 6—14 Jahren; die Unterrichtssprache war natürlich deutsch. Schon im Jahre 1896 hatte der Allgemeine Deutsche Schulverein der zu gründenden Volksbücherei eine größere Büchersendung als Geschenk überwiesen, 1898 folgte eine Sendung für die Schule nach, und auf erneute Bitten ließen wir noch in demselben Jahr eine weitere Sendung abgehen. Als in den folgenden Jahren wieder Unterstützungsgesuche einliefen, wurden zu verschiedenen Malen (1900 und 1901) neue Mittel bewilligt. Seit 1899 erhält die Schule auch einen Reichszuschuß, dessen Erhöhung dringend erwünscht ist. — Leider ist neuerdings auch in Castro von dem dortigen Pfarrer, der eine zeitlang die Vereinsschule leitete, ein Konkurrenzunternehmen mit herabgesetztem Schulgeld ins Werk gesetzt worden, das die Kräfte zersplittert.

Weitere Schulen gibt es im Staate São Paulo, und zwar einklassige in Bairro do Pires bei Limeira, in Campinas und Rio Claro, eine zweiklassige in Campinas. Mit den beiden letztgenannten deutschen Schulen hat der Allgemeine Deutsche Schulverein durch die 1900 versandten Fragebogen Fühlung bekommen. Wenn sie auch nicht von uns unterstützt sind, dürften doch einige Mitteilungen am Platze sein, zumal uns das Buch von Müller hier im Stich läßt.

Campinas.

In Campinas besteht schon seit 1859 ein „Deutscher Schul- und Leseverein", der im Jahre 1900 eine Mitgliederzahl von 60, meist deutschen Handwerkern aufweisen konnte. Während die Schülerzahl 1897 noch 136 betrug, die unter der Aufsicht von 3 Lehrern standen, ist sie leider kurz darauf infolge der Konkurrenz

[1]) Mitt. XV, 1896, Mai-Juni, S. 3. XVI, 1897, Juli-August S. 2. —

[2]) Mitt. XVI, 1897, Mai-Juni, S. 4.

der von der brasilianischen Regierung errichteten großartigen Freischulen auf weniger als die Hälfte, auf 63 gesunken, wodurch ein Lehrer entbehrlich wurde. Sollte diese Anstalt nicht bald eine Reichsunterstützung erhalten, sodaß das Schulgeld ermäßigt werden kann, ist ihr Fortbestand ernstlich in Frage gestellt.

Rio Claro.

Die deutsche Schule in Rio Claro wurde 1883 vom Pfarrer Zink gegründet und gleich darauf vom Pfarrer Kölle übernommen. Für das Deutschtum des Ortes ist es (leider!) sehr bezeichnend, daß die Kinder, obwohl sie von deutschen Eltern stammten, zunächst fast kein Wort Deutsch verstanden (!). Im Jahre 1900 war die Schülerzahl auf 70 angewachsen, worunter sich auch viele arme Kinder und Waisen befanden, die die Schule unentgeltlich besuchten. Eine Reichsunterstützung hat der Schule erfreulicherweise einen festen Rückhalt gegeben.

Außer mit den bisher genannten deutschen Schulen Süd-Brasiliens, das für den Europäer allein auf die Dauer ein erträgliches Klima besitzt, ist der Allgemeine Deutsche Schulverein auch mit einigen vereinzelten Schulen in Nord-Brasilien in Beziehungen getreten und zwar in der Provinz

---

Provinz Espiritu Santo.

Station Caja, Kolonie Santa Leopoldina.

Fast zur selben Zeit, wo der Allgemeine Deutsche Schulverein den Deutschen Rio Grande do Suls die Hand zu tatkräftigem Zusammenwirken reichte, knüpfte er auch in der Provinz Espiritu Santo durch Übersendung seiner Druckschriften Verbindungen an. Hier sah es mit den Schulverhältnissen sehr böse aus. Die dortige deutsche Bevölkerung (etwa 10000 Seelen) stand allen Schul- und daher auch Nationalitätsfragen ganz teilnahmslos gegenüber und ließ ihre Kinder zum großen Teil ohne jeglichen Unterricht aufwachsen. Selbst brasilianische Schulen kamen dort erst Ende der 80er Jahre auf.

Mit großer Energie wurde 1886 in Station Caja, Kolonie Santa Leopoldina, von dem deutschen Konsularagenten Herrn A. R. Dietze eine Simultanschule unter dem Namen „Erste deutsche

Volksschule der Provinz Espiritu Santo" gegründet, wo durchschnittlich 34 Kindern beiderlei Geschlechts der Unterricht in deutscher Sprache erteilt wurde. Gemeinschaftliche Schulfeste, wie die Feier des Tages von Sedan, dienten zur Belebung und Kräftigung deutscher Gesinnung. Der Allgemeine Deutsche Schulverein lieh zur Vermittlung eines Lehrers seine bereitwillige Hilfe. Im übrigen brachte der Gründer selbst große Opfer für seine Schule, sodaß sie ohne fremde materielle Hilfe bestehen konnte. Allerdings wurde auch ihm die Freude an seiner Schöpfung durch Neid, Geiz und Indolenz manches Mal getrübt[1]). Eine Büchersendung, die der Allgemeine Deutsche Schulverein an die dort später begründete Gemeindeschule gesandt hatte[2]), wurde, da diese inzwischen (allerdings nur vorübergehend) eingegangen war, von der Volksschule käuflich erworben.

Porto do Cochoeiro, Santa Leopoldina.

In diesem kleinen Städtchen von rund 1000 Einwohnern, darunter 150 Deutschen, besteht eine deutsche Schule mit etwa 20 Schülern.

Rio de Janeiro.

Mit der Schule des „Deutschen Hilfsvereins" zu Rio de Janeiro stehen wir durch Austausch von Druckschriften in Verbindung. Die dortige deutsche Schule hält sich mit Hilfe einer Reichsunterstützung auf einer Achtung gebietenden Höhe.

Im vorangegangenen sind nur die Unterstützungen und Beziehungen berücksichtigt worden, die von der Berliner Hauptleitung des Allgemeinen Deutschen Schulvereins ausgegangen sind. Außer diesen haben noch verschiedene Ortsgruppen selbständige Verbindungen mit einzelnen Schulen Brasiliens unterhalten und Unterstützungen hinübergesandt. So z. B. in früherer Zeit nach Ausweis unserer Jahresberichte von der Ortsgruppe Bautzen im Jahre 1893. Ferner im letzten Jahre von den beiden Ortsgruppen in Darmstadt nach Taquary, von diesen und von Weimar nach Blumenau.

---

1) Mitt. 1886, Okt., S. 20—22.

2) Korr.-Bl. 1884, Mai, S. 36.

Ortsgruppen des Allgemeinen Deutschen Schulvereins bestehen in Brasilien zur Zeit in Blumenau (Santa Catharina), 1900 gegr. von Pastor Faulhaber und in Castro (Paraná), 1896 gegr. Weitere Gründungen stehen in Aussicht.

Rückblicke und Ausblicke.

Schauen wir, am Schluß unserer Betrachtung angelangt, noch einmal in die Vergangenheit und werfen wir auch einen Blick in die Zukunft! Wir sahen, wie sehr bald nach seiner Begründung die Tätigkeit des Allgemeinen Deutschen Schulvereins auch nach Brasilien hinübergreift, wo er zuerst mit völkisch gesinnten Deutschen Rio Grande do Suls durch Übersendung seiner Druckschriften Verbindung sucht und findet. Schnell mehren sich die Beziehungen und bald kommen auch Bitten. Von überall her klingt das deutsche Echo aus dem brasilianischen Urwald freudig zurück, denn überall war man sich der hohen Aufgabe, die der Schule für die Erhaltung des Deutschtums im Ausland gesetzt war, bewußt, und an vielen Orten bedurfte man dringend unserer Hilfe. Das Bild, das die deutsch-brasilianische Schule darbot, war zumeist ein wenig erfreuliches, trotz großer Opferwilligkeit auf deutscher Seite fehlte es oft selbst am Nötigsten. Wo immer es nottat, sprang der Allgemeine Deutsche Schulverein ein, sei es, daß er durch dringende Vorstellungen Interesse für seine Bestrebungen und die Bedeutung der Schule zu erwecken suchte oder zu energischem Weiterarbeiten ermunterte, sei es, daß er sich um die Beschaffung von Lehrkräften bemühte oder mit materiellen Unterstützungen, die aus Zweckmäßigkeitsgründen meist in der Form von Lehrmitteln und Büchern gewährt wurden, jungen oder bedrohten Schulen zu Hilfe kam. Rat und Tat wurden dankbar begrüßt. „Es tut so wohl, wenn man so viele Jahre einsam auf einem weltverlorenen Posten gestanden und den Kampf um die deutsche Schule geführt hat, nun auch in der alten Heimat teilnehmende Seelen zu wissen,“ heißt es einmal in einem Dankschreiben und ein andermal: „inniger Dank erfüllt unser Herz für die Fürsorge, welche in der alten Heimat für unsere Pionierstellung waltet“. Und wie sehr dadurch das Zusammengehörigkeitsgefühl, das deutsch-völkische Stammesbewußtsein gestärkt wird, dafür braucht von vielen rührenden Beispielen nur auf eine

Schilderung aus neuester Zeit[1]) verwiesen zu werden, die von der begeisterten Aufnahme deutscher Unterstützungen in einigen Städten Rio Grande do Suls beredtes Zeugnis ablegt.

Aber unser Schulverein hat sich mit bloßen Unterstützungen und Ratschlägen nicht zufrieden gegeben, er hat weiter in die Zukunft geschaut und stete Versuche gemacht, das deutsch-brasilianische Schulwesen innerlich zu festigen, indem er in dringenden Vorstellungen dem Zusammenschluß der Familienväter, Schulfreunde und Lehrer zu Schulverbänden immer und immer wieder das Wort redete, einer Maßregel, die allein einer unnützen und unseligen Zersplitterung der deutschen Kräfte vorbeugen kann. „So lange es den zahlreichen deutschen Ansiedlungen ... an einem Mittelpunkt für die Schul- und Kirchenverhältnisse fehlt, ist an eine allgemeine durchgreifende Besserung der Verhältnisse nicht zu denken.“[2])

Weiter hat der Allgemeine Deutsche Schulverein seine zahlreichen und vielseitigen Beziehungen dazu benutzt, über das deutsche Schulwesen in Brasilien überhaupt nähere Mitteilungen zu erhalten, die als Unterlagen für sichere Beurteilung der dortigen Verhältnisse dienen könnten[3]). In größerem Maßstabe ist das bekanntlich im Jahre 1900 geschehen, wo durch eine Umfrage an den deutschen Schulen des Auslandes, also auch Brasiliens, dem Reich Material an die Hand gegeben werden sollte, um die Notwendigkeit einer Erhöhung des Reichsfonds für diese darzutun. An vielen Stellen können nur größere und oft dauernde Unterstützungen helfen, zu denen der Allgemeine Deutsche Schulverein noch nicht in der Lage ist. Hier kann nur das gesamte deutsche Reich selbst helfen und es muß daher stets aufs neue der Ruf nach einer Vermehrung der Reichszuschüsse erhoben werden.

---

[1]) Mitt. XX, 1901, Dez., S. 101—103.

[2]) Aus dem Jahresbericht der Vereinstagung zu Wiesbaden.

[3]) Da eine Beurteilung der dortigen Verhältnisse außerordentlich schwierig ist, besonders wo häßlicher Zwiespalt unter den Deutschen eines Ortes aufgekommen ist, hat die Blumenaustiftung vor kurzem Fragebogen nach Brasilien gesandt, die allen deutschen Zeitungen beigelegt wurden, sodaß nun jedermann seine Meinung äußern kann. Nur durch das Hören vieler Ansichten wird eine objektive Würdigung ermöglicht werden können.

Aber auch der Schulverein darf nicht müßig sein, er muß weiter helfen, ermunternd, ratend und unterstützend. Das Deutschtum hält zwar in Brasilien wie überall im Ausland einen exponierten Posten, aber noch ist alles im Fluß, im Werden begriffen und wenn die Hilfe nicht ausbleibt, so wird das Deutschtum seinen Posten behaupten. Diese Hilfe gilt der Jugend, der Schule[1]). In Brasilien soll die deutsche Schule schon jetzt beinah einer halben Million Deutschen ihre Muttersprache, Art und Sitte erhalten und sie in den Stand setzen, dem bei der brasilianischen und anderen Mischbevölkerung zu Ansehen und Weiterverbreitung zu verhelfen. Noch steht unser Deutschtum dort mit geringem Verlust geschlossen da. Um mehr als Hauptеslänge überragt es physisch und moralisch das Brasilianertum. Daß es in solcher neid- oder bewunderungsvoll anerkannten Stellung dauernd verbleibe, wird nicht zum mindesten von der Wirksamkeit des Allgemeinen Deutschen Schulvereins für die deutsch-brasilianische Schule abhängen. Hier öffnet sich noch ein weites, fruchtbringendes Arbeitsfeld.

Helfen wir also unseren Volksgenossen in ihrem Kampf gegen das Überwuchern des romanischen Schlinggewächses und Unkrauts, auf daß germanisch-deutscher Geist siegreich sich behaupte in dem Zukunftsland deutscher Auswanderung, in Süd-Brasilien!

---

[1]) Es mag bei dieser Gelegenheit darauf hingewiesen werden, daß in Zukunft am besten in planmäßig angelegten deutschen Siedlungen für die deutsche Schule gesorgt werden wird, wenn die erfreulichen Versprechungen Dr. Herm. Meyers (Die Privatkolonien von Dr. H. M. in Rio Grande do Sul, 1901) und Dr. Aldingers (vgl. Alldeutsche Blätter 1901, Nr. 45, S. 490) nur halbwegs in Erfüllung gehen.

Literatur.

Das deutsche Schulwesen in Brasilien findet Berücksichtigung in folgenden Werken; am ausführlichsten bei:

J. P. Müller, Deutsche Schulen und deutscher Unterricht im Auslande. Leipzig 1901. S. 253—301.

Dr. Ernst Kapff, Die deutschen Schulen im Ausland. Heft 4 der der „Schriften des Allgemeinen Deutschen Schulvereins zur Erhaltung des Deutschtums im Auslande". Berlin 1902.

Fortlaufend orientiert über die neuesten Bewegungen im deutsch-brasilianischen Schulwesen die Zeitschrift des Allgemeinen Deutschen Schulvereins „Das Deutschtum im Auslande" im Beiblatt „Die deutsche Schule im Auslande" (in vorstehender Darlegung als Mitt.-Mitteilungen gekennzeichnet).

Zur Lehrerfrage siehe auch einen Vortrag Dr. Rotermunds aus São Leopoldo, wieder abgedruckt in den Alldeutschen Blättern 1902, Nr. 27, S. 236 f.: „Die Lehrerfrage in den deutschen Gemeinden Süd-Brasiliens."

Ferner bei:

Robert Gernhard, Dona Francisca, Hansa und Blumenau, drei deutsche Mustersiedlungen im südbrasilianischen Staate Santa Catharina. Breslau 1901.

Franz Giesebrecht, Die deutsche Kolonie Hansa in Süd-Brasilien. Berlin 1899.

Gustav Königswald, Rio Grande do Sul. S. Paulo 1898.

Siehe außerdem meine Verweise unter dem Text.

Uebersicht

über die vom Allgemeinen Deutschen Schulverein in den letzten Jahren für deutsche Schulen in Brasilien bewilligten Unterstützungen.

Provinz Rio Grande do Sul. Porto Alegre 1883: Anlaß zur Gründung; Bücher. Taquary 1900 und 1901: Spenden. Teutonia 1897: Spende. Arroio-Secco 1899: Spende. Lageado u. a. 1900: Spenden an vier Schulen. Pelotas 1900: Spende.

Provinz Santa Catharina. Joinville 1885 und 1889: Bücher. Sta. Isabella 1885: Bücher. Desterro 1889: Bücher. Badenfurth 1887: Bücher. Blumenau 1897: Bücher; 1901 und 1902 Spenden. Timbo 1899: Erdkarten. Palhoça 1899: Spende. São Bento 1887 und 1899: Spenden; 1887: Bücher.

Provinz Paraná. Rio Negro 1887 und 1889: Lehrmittel und Spende. Curityba 1883: Lehrmittel; 1900: Spende. Castro 1896 und 1898: Bücher; 1900 und 1901: Spenden. Cupim 1896: Lehrmittel. Ponta Grossa 1900: Lehrmittel und Bücher. Lapa 1900: Schreibmaterialien. União da Victoria 1900: Spende.

FSC
www.fsc.org
MIX
Papier | Fördert
gute Waldnutzung
FSC® C083411

Kolibri 360 GmbH
Ferdinand-Jühlke-Straße 7
99095 Erfurt, Deutschland
produktsicherheit@kolibri360.de